explica! binnendifferenzierte Lektüre zum Falten

Stephan Flaucher

Römische Herrschaft: Die Calgacus-Rede

Liebe Schülerin, lieber Schüler!

Wir unterstützen deine Arbeit an den Texten folgendermaßen:

- Vorerschließende Aufgaben führen dich an Kontext, Inhalt und Sprache der Texte heran, sodass du für die Übersetzung optimal vorbereitet bist.
- Hintergrundinformationen werden sinnvoll eingebunden.
- Die Erweiterung deines Wortschatzes wird durch behutsame Einführung und durch Wiederholung in den aufeinander abgestimmten Übersetzungstexten unterstützt.
- Die Texte erlauben eine Unterteilung in sinnvolle Einheiten je nach Stärke der Lerngruppe und verfügbarer Zeit.
- Zur Binnendifferenzierung stehen drei Textvarianten zur Verfügung:
  Der Basistext ist mit nur wenigen Hilfen, meist zum Wortschatz, ausgestattet.
  Bei Bedarf kann man erweiterte Vokabel- und Grammatikhilfen hinzufalten.
  Die dritte Variante bietet interlineare Hilfen.
- Auch innerhalb der Binnendifferenzierung trägt eine Progression in der Grammatik zur Erweiterung deiner Übersetzungskompetenz bei.
- Hilfen werden dir durch Unterstreichung im Text angezeigt und finden sich in der Randspalte unmittelbar neben dem Text.
- Weiter Zeilenabstand gibt Raum für deine Anmerkungen.
- Interpretations- und Kreativaufgaben vernetzen die Texte und spannen den Bogen zur heutigen Welt.

Inhalt

Übersetzungstexte mit Binnendifferenzierung

Die Texte erlauben eine Unterteilung in sinnvolle Einheiten je nach Stärke der Lerngruppe und verfügbarer Zeit.

- Hilfen werden durch Unterstreichung im Text angezeigt und finden sich in der Randspalte unmittelbar neben dem Text.
- Weiter Zeilenabstand gibt Raum für Anmerkungen.

Zur Binnendifferenzierung stehen die Übersetzungstexte in drei Varianten mit unterschiedlichem Schwierigkeitsgrad zur Verfügung:

1. Der Basistext ist mit nur wenigen Hilfen, meist zum Wortschatz, ausgestattet.
2. Bei Bedarf kann man erweiterte Vokabel- und Grammatikhilfen hinzufalten.

Und so geht's:

3. Wer noch mehr Unterstützung benötigt, darf einmal umblättern und auf die dritte Variante zurückgreifen:
   - Hier ist der lateinische Text kolometrisch (d. h. nach Sinneinheiten gegliedert) angeordnet und stellenweise die Satzstellung vereinfacht.
   - In den ersten Texten sind die wichtigsten Satzglieder farbig hervorgehoben: Subjekte (blau), Prädikate (rot).
   - Zwischen den Zeilen stehen weitere Hilfen und Teilübersetzungen bei schwierigen Stellen (interlineare Hilfen).

Innerhalb der Binnendifferenzierung trägt eine Progression in der Grammatik zur Erweiterung der Übersetzungskompetenz bei.

I. Die Lage der Britannier (Tacitus, Agricola 30, 1–3)

Aufgaben zur Vorerschließung

1. Der britannische Heerführer Calgacus hielt vor einer entscheidenden Schlacht gegen die Römer, die 83 v. Chr. am Mons Graupius im Norden des heutigen Schottland stattfand, eine Rede an seine Soldaten. Versetze dich in die Lage eines antiken Feldherrn vor einer derartigen Rede. Überlege, worauf er achten, wie er auftreten, was er ansprechen sollte.

2. Betrachte das Bild, das eine typische schottische Landschaft zeigt. Stelle ausgehend von dem Foto Begriffe zusammen, die du mit Schottland verbindest.

3. Ordne die lateinischen Wörter den Wortfeldern Krieg/Kampf und Herrschaft/Freiheit zu:

   arma, bellum, superbia, classis, dominatio, fortis, imminere, modestia, libertas, obsequium, proelium, servitus, servire, defendere, violare, inviolatus

Krieg/Kampf	Herrschaft/Freiheit

4. Lies den Text aufmerksam durch. Achte auf die Verbformen und markiere Stellen,
   - an denen Calgacus von sich selbst spricht (1. Pers. Sing.)
   - bzw. seine Zuhörer direkt anredet (2. Pers. Pl.)
   - und an denen von den Römern und den Britanniern/Britannien die Rede ist (3. Pers.).

I. Die Lage der Britannier (Tacitus, Agricola 30, 1–3)

1 Quotiens causas belli et necessitatem nostram intueor,
magnus mihi animus est
hodiernum diem consensumque vestrum
initium libertatis toti Britanniae fore:
nam et universi co[i]stis
et servitutis expertes
et nullae ultra terrae ac ne mare quidem securum
inminente nobis classe Romana.
Ita proelium atque arma, quae fortibus honesta, eadem etiam ignavis
tutissima sunt.

quotiēns: sooft
necessitās, tātis *f:* Not(lage)
intuērī, intueor: betrachten
hodiernus, a, um: heutig
fore ~ futurum esse
expers, expertis + *Gen.*: frei (von)
ultrā: dahinter, weiter
īgnāvus, a, um: feige

2 *In früheren Kriegen, die gegen die Römer gekämpft wurden, waren wir geschützt,*
quia nobilissimi totius Britanniae
nec ulla servientium litora aspicientes,
oculos quoque a contactu dominationis inviolatos habebamus.
Nos terrarum ac libertatis extremos recessus ipse ac sinus famae in hunc diem defendit.

contāctus, ūs *m:* der Kontakt
dominatiō, ōnis *f:* die Gewaltherrschaft, die Tyrannei
extrēmus: äußerster, letzter
recessus, ūs *m:* Abgeschiedenheit
sinus fāmae: relative Unbekanntheit

3 Sed nunc terminus Britanniae patet, atque omne ignotum pro magnifico est; sed nulla iam ultra gens, nihil nisi fluctus ac saxa, et infestiores Romani, quorum superbiam frustra per obsequium ac modestiam effugias.

terminus: Randgebiet
patēre, pateō: offen liegen
pro magnificō est: gilt als großartig
saxum: Felsen
īnfestus, a, um: feindlich
obsequium: Gehorsam
modestia: Bescheidenheit

I. Die Lage der Britannier (Tacitus, Agricola 30, 1–3)

Aufgaben zu Textverständnis und Interpretation

5. Gliedere den Anfang der Rede nach inhaltlichen Gesichtspunkten und gib den Abschnitten eine Überschrift.

6. Analysiere, wie Calgacus sein eigenes Volk darstellt und wie die Römer. Belege mit lateinischen Zitaten aus dem Text.

Calgacus' Volk: die Britannier	Römer
– frei und unabhängig *(servitutis expertes)*	

7. Erläutere in eigenen Worten, was mit »a contactu dominationis inviolatos« und mit »terrarum extremos«, »terminus Britanniae patet«, »nulla gens ultra est« gemeint ist. Nutze dazu auch die Karte.

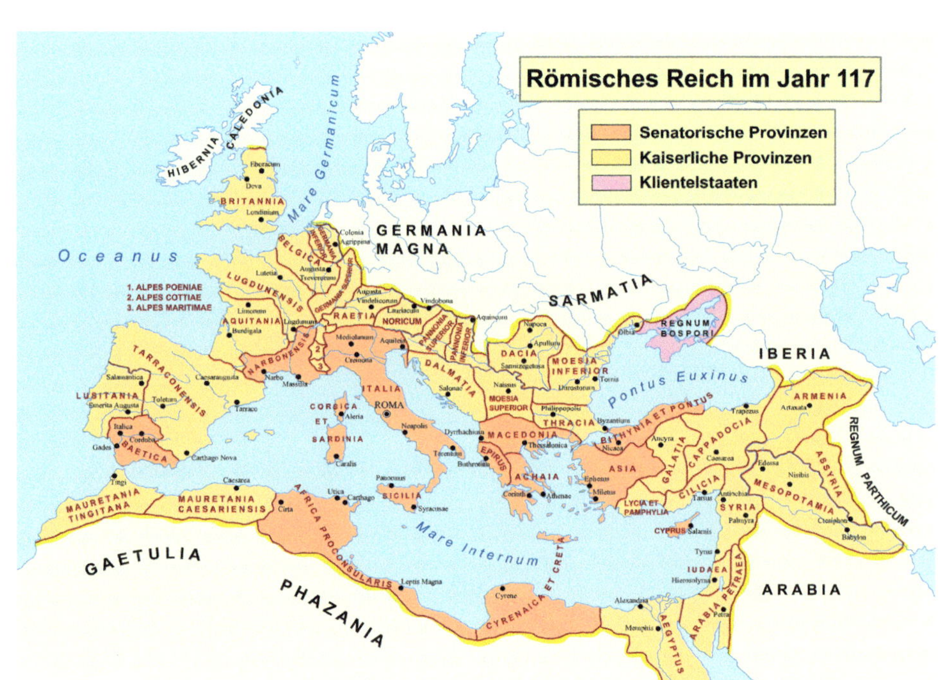

8. Bewerte, wie überzeugend und motivierend die Aussagen auf die Zuhörer gewirkt haben dürften.

9. Diskutiert, inwieweit Calgacus eure in Aufgabe 1 formulierten Anforderungen an eine gute Feldherrenrede hier bereits erfüllt.

I. Die Lage der Britannier (Tacitus, Agricola 30, 1–3)

1 Quotiens causas belli et necessitatem nostram intueor,
Sooft ich

magnus mihi animus est
bin ich sehr zuversichtlich, dass

hodiernum diem consensumque vestrum
der heutige

initium libertatis toti Britanniae fore:
für sein werden

nam et universi co[i]stis et expertes servitutis,
ihr seid frei von

et nullae ultra terrae <sunt> ac ne mare quidem securum <est>

inminente nobis classe Romana.
Abl. Abs.: weil uns eine römische …

Ita proelium atque arma, quae fortibus honesta <sunt>,
die für die

eadem etiam ignavis tutissima sunt.
zugleich auch für

2 *In früheren Kriegen, die gegen die Römer gekämpft wurden, waren wir geschützt,*

quia nobilissimi totius Britanniae <sumus>
weil wir …

nec ulla servientium litora aspicientes,

oculos quoque a contactu dominationis inviolatos habebamus.
vom Kontakt mit der Tyrannei unverletzt

Nos terrarum ac libertatis extremos
Uns, die wir sind

recessus ipse ac sinus famae in hunc diem defendit.
bis zum heutigen Tag

3 Sed terminus Britanniae patet, atque omne ignotum pro magnifico est;

sed nulla iam ultra gens <est>, nihil nisi fluctus ac saxa,

et infestiores Romani <sunt>,

quorum superbiam frustra per obsequium ac modestiam effugias.
deren man zu entkommen versucht

quotiēns: sooft
causa: Grund, Ursache
necessitās, tātis *f:* Not(lage)
intuērī, intueor: betrachten
animus: *hier:* Zuversicht
hodiernus, a, um: heutig
cōnsēnsus, ūs *m:* Einigkeit
tōtī: (*zu* Britanniae) *Dat. Sg. von* tōtus
fore ~ futūrum esse (*Infinitiv Futur Aktiv von* esse): sein werden
coīre, coeō, coiī, coitum: zusammenkommen, sich versammeln
expers, expertis + *Gen.*: frei (von)
ultrā: dahinter; weiter
nē … quidem: nicht einmal
sēcūrus, a, um: sicher
inminēre: drohen
classis, is *f:* Flotte
īgnāvus, a, um: feige
tūtus, a, um: sicher

nōbilis, e: edel

nec ūlla: und keine
servientium: *Partizip Präsens im Gen. Pl.:* von Dienenden
lītus, oris *n:* Küste
contāctus, ūs *m:* der Kontakt
dominatiō, ōnis *f:* Gewaltherrschaft, Tyrannei
extrēmus, a, um: äußerster, letzter
recessus, ūs *m:* Abgeschiedenheit
sinus fāmae: relative Unbekanntheit

terminus: Randgebiet
patēre, pateō: offen liegen
omne īgnōtum: alles Unbekannte
pro magnificō est: gilt als großartig
gēns, gentis *f:* Volk, Stamm
ultra: jenseits
saxum: Felsen
īnfestior *(Komparativ):* feindlicher
frūstrā: vergeblich
obsequium: Gehorsam
modestia: Bescheidenheit
effugere, effugiō + *Akk.:* entfliehen

II. Das Wesen des römischen Expansionsdrangs

(Tacitus, Agricola 30, 4; 31, 1)

Aufgaben zur Vorerschließung

1. Calgacus äußert sich im Folgenden über die Römer. (a) Übersetze den Ausdruck *raptores orbis* und stelle Vermutungen über die Einstellung des Calgacus zu den Römern an. – (b) Markiere in den Zeilen 1–7 Formulierungen, die zu *raptores orbis* inhaltlich passen.

2. a) Ordne die lateinischen Ausdrücke ihren deutschen Entsprechungen zu:

   frater, mater, soror, pater, filia, coniux, propinquus, liberi

Verwandter		Bruder	
Vater		Schwester	
Mutter		Ehefrau/Ehemann	
Kinder		Tochter	

   b) Markiere im Text zunächst Begriffe aus dem Wortfeld »Familie« und dann die Verbalaussagen, die sich auf diese Ausdrücke beziehen.

3. Ordne die Bilder Formulierungen aus Abschnitt 2 des Textes zu.

II. Das Wesen des römischen Expansionsdrangs

(Tacitus, Agricola 30, 4; 31, 1)

1 Raptores orbis, postquam cuncta vastantibus defuere terrae,
mare scrutantur:
si locuples hostis est, avari, si pauper, ambitiosi,
quos non oriens, non occidens satiaverit:
soli omnium opes atque inopiam pari adfectu concupiscunt.
Auferre, trucidare, rapere falsis nominibus imperium,
atque ubi solitudinem faciunt, pacem appellant.

raptor, ōris *m:* Räuber
orbis (terrārum): Erdkreis
vāstāre: verwüsten
dēfuēre ~ dēfuērunt
scrūtārī: durchwühlen
locuplēs, locuplētis: reich
ambitiōsus, a, um: ruhmsüchtig
oriēns: Osten – **occidēns**: Westen
satiāre: sättigen
adfectus, ūs *m:* Erregung
concupīscere, concuspīscō: heftig begehren
trucīdāre: niedermetzeln
sōlitūdō, inis *f:* Einsamkeit

2 Liberos cuique ac propinquos suos
natura carissimos esse voluit:
hi per dilectus alibi servituri auferuntur;
coniuges sororesque etiam si hostilem libidinem effugerunt,
nomine amicorum atque hospitum polluuntur.
Bona fortunaeque in tributum, ager atque annus in frumentum,
corpora ipsa ac manus silvis ac paludibus emuniendis
inter verbera et contumelias conteruntur.

cārus, a, um: lieb

dīlēctus, ūs *m:* Auswahl, Aushebung
alibī: anderswo
servīre: dienen, Sklave sein; servītūrī: *Part. Fut. Akt. mit finalem Sinn, übersetze »damit«*
hostīlis, e: *Adjektiv zu* hostis
libīdō, inis *f:* Begierde
polluere, ō: *hier:* entehren, schänden
fortūnae: Vermögen
in tribūtum: als Tribut
ager atque annus: die Jahresernte des Feldes
in frūmentum: als Fruchtabgabe
palūs, palūdis *f:* Sumpf
ēmūnīre: gangbar machen, Wege anlegen
verber, verberis *n:* Schlag
contumēlia: Beleidigung
conterere, ō: verbrauchen; aufreiben

II. Das Wesen des römischen Expansionsdrangs

(Tacitus, Agricola 30, 4; 31, 1)

Aufgaben zu Textverständnis und Interpretation

4. a) Erarbeite das Bild, das Calgacus vom Verhalten der Römer zeichnet (Textbelege!).

   b) Fasse seine Position in einem Fazit zusammen, indem du den Satz vervollständigst »Die Römer sind …«

Das Verhalten der Römer laut Calgacus
– unersättliche Räuber *(raptores orbis)*

5. Untersuche, wie Calgacus seine Aussagen sprachlich wirkungsvoll gestaltet.

6. Verfasse einen kurzen Kommentar eines Römers zu den geäußerten Vorwürfen.

7. Überlege, welches Bild am besten zu der Aussage in Z. 7 passt:

   »Atque ubi solitudinem faciunt, pacem appellant«.

   Begründe deine Meinung.

II. Das Wesen des römischen Expansionsdrangs

(Tacitus, Agricola 30, 4; 31, 1)

1 Raptores orbis, mare scrutantur:

postquam cuncta vastantibus defuere terrae,
nachdem den alles Verwüstenden die Länder ausgegangen sind

Si locuples hostis est, avari <sunt>,
Wenn sind sie (= die Römer)

si pauper <hostis> <est>, ambitiosi <sunt>,

quos non oriens, non occidens satiaverit:
die

soli omnium opes atque inopiam pari adfectu concupiscunt.

Auferre, trucidare, rapere falsis nominibus imperium <appellant>,
nennen sie mit falschem Namen »Herrschaft«

atque, pacem appellant.

ubi solitudinem faciunt,

raptor, ōris *m:* Räuber
orbis (terrārum): Erdkreis
vāstāre: verwüsten
cūnctī, ae, a: alle
dēfuēre ~ dēfuērunt: sie fehlten
scrūtārī: durchwühlen; *Deponens, übersetze aktiv*
locuplēs, locuplētis: reich
avārus, a, um: habgierig
pauper, pauperis: arm
ambitiōsus, a, um: ruhmsüchtig
oriēns: Osten
occidēns: Westen
satiāre: sättigen
sōlī omnium: als Einzige von allen (Völkern)
opēs, um *f:* Reichtum
pār, paris: gleich
adfectus, ūs *m:* Erregung
concupīscere, concuspīscō: heftig begehren – **auferre**: wegnehmen
trucīdāre: niedermetzeln
sōlitūdō, inis *f:* Einsamkeit

2 Liberos cuique ac propinquos suos natura carissimos esse voluit:
Die Natur wollte, dass einem jeden seine Kinder und Verwandten

hi per dilectus alibi servituri auferuntur;
diese werden …

coniuges sororesque etiam si hostilem libidinem effugerunt,
auch wenn sie

nomine amicorum atque hospitum polluuntur.
werden unter der Bezeichnung geschändet

Bona fortunaeque in tributum,

ager atque annus in frumentum,

corpora ipsa ac manus silvis ac paludibus emuniendis
beim Anlegen von Wegen in

inter verbera et contumelias conteruntur.

līberōs … esse: AcI, *abhängig von* nātūra voluit
cuique: *Dat. von* quisque: einem jeden
propinquus: Verwandter
cārus, a, um: lieb; carissimus: *Superlativ*
dīlēctus, ūs *m:* Auswahl, Aushebung
alibī servītūrī: damit sie anderswo dienen
auferuntur: *Passiv zu* auferre: wegschaffen
hostīlis libīdō, inis *f:* feindliche Begierde
polluuntur: *Passiv zu* polluere: *hier:* entehren, schänden;
bona, ōrum *n:* Güter
fortūnae: Vermögen
in tribūtum: als Tribut
ager atque annus: die Jahresernte des Feldes
in frūmentum: als Fruchtabgabe
manus, ūs *f:* die Hand
palūs, palūdis *f:* Sumpf
ēmūniendīs *(nd-Form):* beim Wegeanlegen
verber, verberis *n:* Schlag
contumēlia: Beleidigung
conteruntur: sie werden aufgerieben

III. Das droht uns, wenn wir verlieren! (Tacitus, Agricola 31, 2–3)

Aufgaben zur Vorerschließung

1. Lies dir den ersten Abschnitt aufmerksam durch, achte dabei auf Wortwiederholungen. Benenne dann das Thema, um das es geht.

2. Stelle aus dem zweiten Abschnitt weitere Eigenschaften der Britannier/Britanniens zusammen.

Eigenschaften der Britannier/Britanniens

3. Ordne den lateinischen Formen die passende deutsche Übersetzung zu.

capi**or**	er wird ergriffen
cape**ris**	sie werden ergriffen
capi**tur**	ihr werdet ergriffen
capi**mur**	ich werde ergriffen
capi**mini**	du wirst ergriffen
capiu**ntur**	wir werden ergriffen

4. Finde im lateinischen Text folgende Aussagen (Zeile und lateinische Stichworte):

a) Die Britannier haben keine fruchtbaren Felder, Bergwerke und Häfen.	
b) Diejenigen, die schon lange Sklaven sind, treiben ihren Spott mit den neu dazugekommenen Sklaven.	
c) Sklaven werden von ihren Herren ernährt.	
d) Kampfesmut nützt sowohl denen, die auf ihre Rettung hoffen, als auch denen, die Ruhm erwerben wollen.	

III. Das droht uns, wenn wir verlieren! (Tacitus, Agricola 31, 2–3)

1 Nata servituti mancipia semel veneunt,
atque ultro a dominis aluntur:
Britannia servitutem suam cotidie emit, cotidie pascit.
Ac sicut in familia recentissimus quisque servorum
etiam conservis ludibrio est,
sic in hoc orbis terrarum vetere famulatu novi nos et viles
in excidium petimur;
neque enim arva nobis aut metalla aut portus sunt,
quibus exercendis reservemur.

nātus servitūtī: für die Knechtschaft geboren
mancipium: *(gekaufter)* Sklave
semel: einmal
vēnīre, vēneō, vēniī: verkauft werden
ultrō: darüber hinaus
emere, ō: erkaufen
pāscere, pāscō: füttern
familia: Hausgemeinschaft, *hier die zu ihr gehörende* Dienerschaft
recentissimus quisque: gerade der neueste
cōn-servus: Mit-Sklave
ludibriō esse: verspottet werden
famulātus, ūs: Sklavenschar
vīlis, e: wertlos
excidium: Vernichtung
arvum: Feld, Ackerland
metallum: Bergwerk
exercēre: *hier:* ausbeuten, bearbeiten

2 Virtus porro ac ferocia subiectorum ingrata imperantibus;
et longinquitas ac secretum ipsum quo tutius, eo suspectius.
Ita sublata spe veniae tandem sumite animum,
tam quibus salus quam quibus gloria carissima est.

porrō: außerdem
ferōcia: trotziger Mut
subiectus: Unterworfener
ingrātus, a, um: nicht angenehm
longinquitās, tātis *f:* weite Entfernung
sēcrētum: Abgeschiedenheit
quō … eō: je … desto
suspectus, a, um: verdächtig
tollere, tollō, sustulī, sublātum: beseitigen
venia: Verzeihung; Nachsicht; Gnade
tam … quam: sowohl … als auch

III. Das droht uns, wenn wir verlieren! (Tacitus, Agricola 31, 2–3)

Aufgaben zu Textverständnis und Interpretation

5. Erläutere, was den Kaledoniern im Falle einer Niederlage droht. Womit vergleicht Calgacus die Situation?

6. Beschreibe anhand der Karte auf S. 6 die Ausdehnung des römischen Reichs. Erläutere dann den Satz »*et longinquitas ac secretum ipsum quo tutius, eo suspectius*«.

7. Untersuche, wie Calgacus seine Aussagen sprachlich wirkungsvoll gestaltet. Ordne folgenden Textstellen den Fachbegriff für das verwendete Stilmittel zu und beschreibe die Wirkung wie im Beispiel.

   Alliteration - Anapher - Parallelismus - Personifikation - Vergleich

   a) Britannia servitutem suam cotidie emit, cotidie pascit.

   ____

   ____

   ____

   b) novi nos

   Die Alliteration soll den Zuhörern zum Einen deutlich machen, dass sie als Neulinge in den ihnen ungewohnten Sklavenstand geraten werden und dadurch in einer besonderen Position sind, zum Anderen betont Calgacus durch das nos, dass er sich seinen Männern zugehörig fühlt und ihr Schicksal teilt.

   c) sicut recentissimus quisque servorum ludibrio est, sic novi nos in excidium petimur

   ____

   ____

   ____

   d) tam quibus salus quam quibus gloria carissima est

   ____

   ____

   ____

8. Finde eine treffende Übersetzung für *virtus* und *ingrata:*

   Virtus ac ferocia subiectorum **ingrata** imperantibus <est>

   ______________ und trotziger Mut der Unterworfenen sind den Herrschenden ______________

virtūs: Tugend, Tüchtigkeit, Tapferkeit, Tatkraft – **ingrātus**: nicht willkommen, unangenehm, lästig

III. Das droht uns, wenn wir verlieren! (Tacitus, Agricola 31, 2–3)

1 Nata servituti mancipia semel veneunt,

atque ultro a dominis aluntur:

Britannia servitutem suam cotidie emit, cotidie pascit.

Ac

sicut in familia recentissimus quisque servorum
so wie in einer Dienerschaft

etiam conservis ludibrio est,

sic in hoc orbis terrarum vetere famulatu novi nos et viles
so werden wir, die wir … und wertlos sind,

in excidium petimur;

neque enim arva nobis aut metalla aut portus sunt,
Und wir haben keine

quibus exercendis reservemur.
zu deren Bewirtschaftung und Betrieb

nātus servitūtī: für die Knechtschaft geboren
mancipium: (gekaufter) Sklave
semel: einmal
vēnīre, vēneō, vēniī: verkauft werden
ultrō: darüber hinaus
alere, ō: ernähren; *hier: Passiv* (s. Aufgabe 3)
cotīdiē: täglich
emere, ō: erkaufen
pāscere, pāscō: füttern
sīcut: so wie
familia: Hausgemeinschaft, *hier die zu ihr gehörende* Dienerschaft
recentissimus quisque: gerade der neueste
cōn-servus: Mit-Sklave
ludibriō esse: verspottet werden
in … vetere famulātū novī nōs et vīles <**sumus**>: die wir in dieser alten Sklavenschar … sind
vīlis, e: wertlos
excidium: Vernichtung
petere: *hier: Passiv; suche nach einer freien Übersetzung*
arvum: Feld, Ackerland
metallum: Bergwerk
portus, ūs: Hafen
nōbīs … sunt: *Dativ des Besitzers; übersetze mit* »haben«
quibus exercendīs: zu deren Bewirtschaftung und Betrieb
reservāre: aufsparen; *hier Konjunktiv Präsens Passiv:* wir sollen … werden

2 Virtus porro ac ferocia subiectorum

ingrata imperantibus <est>;
für die Herrschenden

et longinquitas ac secretum ipsum

quo tutius <est>, eo suspectius <est>.

Ita Abl. Abs. [sublata spe veniae] tandem sumite animum,
da keine Hoffnung auf … besteht

tam <vos,> quibus salus <carissima est>,
sowohl ihr, denen

quam <vos,> quibus gloria carissima est.
als auch ihr, denen

porrō: außerdem
ferōcia: trotziger Mut
subiectus: Unterworfener
imperāns: *Partizip Präsens zu* imperāre: der Herrschende
ingrātus, a, um: nicht angenehm
longinquitās, tātis *f*: weite Entfernung
sēcrētum: Abgeschiedenheit
quō … eō: je … desto
suspectius: verdächtiger *(Komparativ)*
sublāta spē veniae: *Abl. Abs.*
tollere, tollō, sustulī, sublātum: beseitigen
venia: Verzeihung; Nachsicht; Gnade
animum sūmere: Mut fassen; *hier: Imperativ (Aufforderung)*
tam quibus … quam quibus: sowohl ihr, denen … als auch ihr, denen

IV. Die Erfolgsaussichten der Britannier (Tacitus, Agricola 32, 2–4)

Aufgaben zur Vorerschließung

1. Beschreibe die Bilder und übersetze die Sprechblasen. Ordne dann die Bilder den passenden (Teil-)Sätzen des lateinischen Textes zu und begründe deine Entscheidung.

2. Übersetze den Ausdruck *victoriae incitamenta pro nobis sunt.* Überlege dann, welche Punkte Calgacus anführen könnte.

3. Im Text geht es teilweise um mögliche zukünftige Szenarien. Markiere alle Futurformen im Text.

a- und e-Konjugation	bo-bi-bu-Futur	voca-**bo** – voca**bis** – voca**bit** … – voca**bunt**
andere Konjugationen	a/e-Futur	duc-**a**-m – duc-**e**-s – duc-**e**-t … duc-**e**-nt

IV. Die Erfolgsaussichten der Britannier (Tacitus, Agricola 32, 2–4)

1 Omnia victoriae incitamenta pro nobis sunt:
nullae Romanos coniuges accendunt,
nulli parentes fugam exprobraturi sunt;
aut nulla plerisque patria aut alia est.

īncitāmentum: Anreiz

exrobrātūrī sunt: sie werden vorwerfen/ zum Vorwurf machen

2 In ipsa hostium acie inveniemus nostras manus:
adgnoscent Britanni suam causam,
recordabuntur Galli priorem libertatem, (…)
Nec quicquam ultra formidinis:
vacua castella, senum coloniae,
inter male parentis et iniuste imperantis
aegra municipia et discordantia.

aciēs, ēi *f:* Schlachtreihe; Schlacht

adgnōcere, adgnōscō, adgnōvī: erkennen

recordārī, recordor: sich erinnern an
prior, priōris: früherer
quicquam: etwas
ultrā: weiter
formīdō, inis *f:* Schrecken
vacuus, a, um: leer, verlassen
parentīs/imperantīs ~ parentēs/ imperantēs
aeger, aegra, aegrum: missmutig, verstimmt
mūnicipium: Landstadt
discordāre: uneinig sein

3 Hic dux, hic exercitus:
ibi tributa et metalla et ceterae servientium poenae,
quas in aeternum perferre aut statim ulcisci in hoc campo est.
Proinde ituri in aciem et maiores vestros et posteros cogitate.

metallum: Bergwerk

in aeternum: auf ewig
ulcīscī, ulcīscor, ultus sum: rächen
proinde: daher
ītūrī: PFA; Participium coniunctum, »wenn ihr gehen werdet«
māiōrēs, um *m:* Vorfahren
posterī, ōrum *m:* Nachkommen

IV. Die Erfolgsaussichten der Britannier (Tacitus, Agricola, 32, 2–4)

Aufgaben zu Textverständnis und Interpretation

4. a) Arbeite heraus, was Calgacus unter den *victoriae incitamenta* versteht und wie er die Erfolgsaussichten der Britannier bewertet.

   b) Vergleiche die Ergebnisse mit deinen Erwartungen aus Aufgabe 2.

   c) Gewichte die Argumente und bringe sie in eine Reihenfolge entsprechend ihrer Bedeutung.

5. Verfasse einen kurzen Dialog zweier britannischer Krieger, nachdem sie die ganze Rede des Calgacus gehört haben.

6. Erkläre unter Bezug auf den Infotext den Ausdruck »*in ipsa hostium acie inveniemus nostras manus*«.

I Hilfstruppen
In der römischen Armee gab es neben den Legionen, die aus Römern gebildet wurden, auch Hilfstruppen (Auxilia), in denen Angehörige anderer Völker, z. B. Gallier, unter dem Kommando eines römischen Anführers kämpften.

7. Vergleiche die Situation der Kaledonier unter der Führung des Calgacus mit der in der Ukraine.

Der Wunsch der Ukrainerinnen und Ukrainer nach Frieden darf nicht mit der Bereitschaft aufzugeben verwechselt werden. Das Bedürfnis nach Stabilität ist nicht mit der Akzeptanz der Unterdrückung des demokratischen und souveränen Willens der Bevölkerung gleichzusetzen.

»Es ist unser Land, es ist unsere Heimat.« »Wir greifen niemanden an und streiten um nichts. Wir verteidigen unsere Familie.« »Fragt nicht, wie es meiner Familie geht, denn meine Familie sind 44 Millionen Ukrainerinnen und Ukrainer.« Das sind in diesen Tagen die beliebtesten Parolen in der Ukraine. Das ist weder Nationalismus noch übertriebener Patriotismus. Das ist die Art von Widerstandskraft, über die in Expertenkreisen und in der Politik im vergangenen Jahr diskutiert wurde. (https://www.ipg-journal.de/regionen/europa/artikel/widerlegt-5822/)

IV. Die Erfolgsaussichten der Britannier (Tacitus, Agricola, 32, 2–4)

1 Omnia victoriae incitamenta pro nobis sunt:
sind auf unserer Seite

nullae Romanos coniuges accendunt,

nulli parentes fugam exprobraturi sunt;

aut nulla plerisque patria aut alia est.
die meisten (Soldaten auf römischer Seite) haben keine Heimat – oder eine andere/fremde.

incitāmentum: Anreiz
accendere, ō: anfeuern, antreiben
exprobrātūrī sunt: sie werden vorwerfen/ zum Vorwurf machen
plērīque: die meisten
plerīsque … est: *Dativ des Besitzers; übersetze mit* »haben«

2 In ipsa hostium acie inveniemus nostras manus:

adgnoscent Britanni suam causam,
Die Britannier (in den Hilfstruppen der Feinde) werden …

recordabuntur Galli priorem libertatem, (…)

Nec quicquam ultra formidinis <est>:

vacua castella <sunt>, senum coloniae,

inter male parentis et iniuste imperantis
bei Menschen, die widerwillig gehorchen und ungerecht herrschen

aegra municipia et discordantia <sunt>.

aciēs, ēi *f:* Schlachtreihe
manus, ūs *f:* Truppen
adgnōcere, adgnōscō, adgnōvī: erkennen
causa: Sache
recordārī, recordor: sich erinnern an
prior, priōris: früherer
nec quicquam: und nichts
ultrā: weiter
formīdō, inis *f:* Schrecken
vacuus, a, um: leer, verlassen
castellum: Kastell, Befestigung
senex, senis *m:* alter Mann, Greis
inter: Bedeutung hier?
male/iniuste: *Adverb zu* malus/iniustus
pārentīs/imperantīs = parentēs/ imperantēs *(Akk. Pl.):* Gehorchende/ Herrschende
aeger, aegra, aegrum: missmutig, verstimmt
mūnicipium: Landstadt
discordāre: uneinig sein

3 Hic dux <est>, hic exercitus <est>:

ibi tributa et metalla et ceterae servientium poenae <sunt>,

quas in aeternum perferre aut statim ulcisci
ob wir dies …

in hoc campo est.
darum geht es auf diesem Schlachtfeld.

Proinde ituri in aciem

et maiores vestros et posteros cogitate.

hīc/ibi: hier/dort
metallum: Bergwerk
servientium (*Partizip Präsens von* servīre *im Genitiv Pl.*): von Dienenden/ von Sklaven
quas … perferre aut statim ulcisci in hoc campo est: ob wir dies …, darum geht es auf diesem Schlachtfeld
in aeternum: auf ewig
perferre, perferō: ertragen
statim: sogleich
ulcīscī, ulcīscor, ultus sum: rächen
proinde: daher
itūrī: *PFA; Participium coniunctum,* »wenn ihr gehen werdet«
aciēs, eī *f:* Schlacht
māiōrēs, um *m:* Vorfahren
posterī, ōrum *m:* Nachkommen
cōgitāre: denken (an); *hier: Imperativ (Befehlsform)*

V. Der Blick der Römer auf die Britannier

(Tacitus, Agricola 33, 2–3; 34, 1–3)

Aufgaben zur Vorerschließung

1. Auf der Seite der Römer hält der Feldherr Agricola ebenfalls eine Rede an seine Truppen. Lies den Text aufmerksam durch. Achte besonders auf die Endungen der Prädikate. Markiere Stellen, an denen Agricola

   a) Personen in der 2. Pers. Sing. oder Pl. direkt anredet

   b) in der 3. Pers. von anderen spricht.

2. Übersetze folgende Begriffe und suche sie im lateinischen Text. Kläre anhand des Zusammenhangs, ob es jeweils um die Römer oder die Britannier geht, und ordne die Begriffe entsprechend in die Tabelle ein.

   fide, fortitudine, fugacissimi, labore, numerus ignavorum et metuentium, opera, patientia, virtute

Britanni	Romani

3. Gib die Bedeutung der markierten Schlüsselwörter im Text an. Formuliere stichpunktartig dein vorläufiges Textverständnis.

septimus annus	Die Römer sind schon sieben Jahre lang in Britannien.

V. Der Blick der Römer auf die Britannier

(Tacitus, Agricola 33, 2–3; 34, 1–3)

1 Septimus annus est, commilitones,
ex quo virtute et auspiciis imperii Romani,
fide atque opera vestra Britanniam vicistis.
Tot expeditionibus, tot proeliis,
seu fortitudine adversus hostes
seu patientia ac labore paene adversus ipsam rerum naturam
opus fuit,
neque me militum neque vos ducis paenituit.

septimus, a, um: siebter
commīlitō, ōnis *m:* Kamerad
auspicium: (günstiges) Vorzeichen
expedītiō, ōnis *f:* Strafzug
patientia: Ausdauer
opus est + *Abl.:* es ist nötig
mē paenitet + *Gen.:* mich reut *etw.*, ich bin unzufrieden mit *etw.*

2 Ergo egressi,
ego veterum legatorum,
vos priorum exercituum terminos,
finem Britanniae non fama nec rumore,
sed castris et armis tenemus:
inventa Britannia et subacta.

ēgredī, ēgredior, ēgressus sum: hinausgehen über
lēgātus: Legat *(hoher Offizier)*
prior, ōris: früherer
terminus: Grenze
rūmor, ōris *m:* Gerücht
subigere, subigō, subēgī, subāctum: unterwerfen

3 Hi ceterorum Britannorum fugacissimi
ideoque tam diu superstites. (…)
sic acerrimi Britannorum iam pridem ceciderunt,
reliquus est numerus ignavorum et metuentium.
Quos quod tandem invenistis,
non restiterunt, sed deprehensi sunt.

fugāx, fugācis: zum Fliehen geneigt
ideō: deshalb
superstes, superstitis: überlebend
ācer, ācris, ācre: *hier:* tatkräftig, tapfer
īgnāvus, a, um: feige
resistere, ō, restitī: Widerstand leisten
dēprehendere, ō, dēprehendī, dēprehēnsum: ergreifen, aufspüren

V. Der Blick der Römer auf die Britannier

(Tacitus, Agricola, 33, 2–3; 34, 1–3)

Aufgaben zu Textverständnis und Interpretation

4. Arbeite heraus, welches Bild von den Römern bzw. den Britanniern Agricola entwirft.

Agricola	
Römerbild	**Britannierbild**

5. a) Vergleiche es mit dem Römer- bzw. Britannierbild des Calgacus.

   b) Begründe die jeweiligen Sichtweisen.

Calgacus	
Römerbild	**Britannierbild**

6. Diskutiert, inwieweit Agricola den von euch entwickelten Anforderungen an die Rede eines guten Feldherrn gerecht wird (vgl. S. 4, Aufgabe 1).

7. Finde die treffendste Übersetzung. Begründe deinen Lösungsvorschlag.

   patientia ac labore opus fuit

---

patientia: Ausdauer; Abhärtung; Geduld – **labor**: Arbeit; Mühe; Strapaze; Ausdauer

V. Der Blick der Römer auf die Britannier

(Tacitus, Agricola, 33, 2–3; 34, 1–3)

1 Septimus annus est, commilitones,
Es ist das

ex quo virtute et auspiciis imperii Romani,
seit dem ihr

fide atque opera vestra Britanniam vicistis.

Tot expeditionibus, tot proeliis,
In so vielen

seu fortitudine adversus hostes
ob Tapferkeit

seu patientia ac labore paene adversus ipsam rerum naturam
oder

opus fuit,
nötig waren,

neque me militum neque vos ducis paenituit.
war weder ich unzufrieden mit … noch ihr

septimus, a, um: siebter
commīlitō, ōnis *m:* Kamerad
ex quō: seit dem
auspicium: (günstiges) Vorzeichen
fidēs, eī *f:* Treue
tot: so viele
expedītiō, ōnis *f:* Strafzug
seu … seu: ob … oder
adversus + *Akk.*: gegen
patientia: Ausdauer
paene: *hier:* sozusagen
rerum natura: die Natur

opus est + *Abl.*: es ist nötig
mē paenitet + *Gen.*: mich reut *etw.*, ich bin unzufrieden mit *etw.*
dux, ducis *m:* der Anführer

2 Ergo egressi terminos, ego veterum legatorum,
Nachdem wir also über Grenzen hinausgegangen sind, ich über die der bisherigen Legaten,

vos priorum exercituum,
ihr

finem Britanniae non fama nec rumore,

sed castris et armis tenemus:

inventa Britannia et subacta <est>.

ēgredī, ēgredior, ēgressus sum: hinausgehen über, übertreffen
vetus, eris: alt, bisherig
lēgātus: Legat *(hoher Offizier)*
prior, ōris: früherer
terminus: Grenze
fīnis, is *f:* Ende; Grenze; Ziel
rūmor, ōris *m:* Gerücht
tenere: halten; haben
invenīre, inveniō, invēnī, inventum: entdecken
subigere, subigō, subēgī, subāctum: unterwerfen
inventa/subācta est: *Passiv Perfekt*

3 Hi ceterorum Britannorum fugacissimi
Diese hier sind von die größten Davonläufer

ideoque tam diu superstites <sunt>.

(…) sic acerrimi Britannorum iam pridem ceciderunt,

reliquus est numerus ignavorum et metuentium.

Quos tandem invenistis,

non <quod> restiterunt, sed <quod> deprehensi sunt.

fugāx, fugācis: zum Fliehen geneigt

ideō: deshalb
superstes, superstitis: überlebend
ācer, acris, acre: *hier:* tatkräftig, tapfer; acerrimi: *Superlativ*
iam pridem: schon lange
īgnāvus, a, um: feige
metuentium: *Partizip Präsens von* metuere
quōs: *(relatischer Satzanschluss)* ~ eōs
quod: *gehört logisch zu* restiterunt/deprehensi sunt; *ordne:* Quos tandem invenistis, non quod restiterunt, sed quod deprehensi sunt
resistere, ō, restitī: Widerstand leisten
dēprehendere, ō, dēprehendī, dēprehēnsum: ergreifen, aufspüren

VI. So begründen die Römer ihre Herrschaft in den Provinzen (Tacitus, Historiae 4, 73, 2)

Aufgaben zur Vorerschließung

1. Stelle dir vor: Gallien ist schon lange römische Provinz. Da kommt es zu einem Aufstand der Germanen gegen die Römer - schließen sich die gallischen Treverer dem Aufstand an?

   Der römische Feldherr Cerialis versucht, die Treverer von einer Beteiligung an dem Aufstand abzuhalten. Überlege, wie du an seiner Stelle vorgehen würdest, wie du auftreten und welche Argumente du vorbringen würdest.

2. Gib die Bedeutung der markierten Schlüsselwörter im Text an. Formuliere stichpunktartig dein vorläufiges Verständnis des ersten Absatzes.

Terram vestram	
ingressi sunt Romani	
nulla cupidine	
Germani servitutem imposuerant	

3. Betrachte die Endungen der Verbformen. Stelle dann Passagen zusammen, an denen Cerialis über die Römer bzw. über andere spricht.

4. Markiere im Text alle Namen von Personen(gruppen) und geografischen Bezeichnungen.

   Lies dir die deutsche Einleitung und die Informationen im Kasten durch und erstelle ein Schaubild, wie die einzelnen Personengruppen zusammenhängen.

Kimbern und Teutonen waren zwei germanische Stämme, die auf der Suche nach neuen Wohnsitzen durch Teile Mittel- und Südeuropas zogen. Die Römer erlitten gegen sie mehrere schwere Niederlagen, bis sie sie 102 und 101 v. Chr. vernichtend schlagen konnten.

Ariovist war ein germanischer Heerführer, der 71 v. Chr. von den gallischen Sequanern angeworben den Rhein überquerte, um sie in ihrem Kampf um die Vorherrschaft in Gallien gegen die Häduer zu unterstützen. Nachdem er diese 61 v. Chr. besiegt hatte, herrschte Ariovist über Gebiete im Osten Galliens und ließ weitere Gruppen von Germanen nachkommen. Daraufhin baten die Gallier Caesar um Hilfe. Ariovist erlitt 58 v. Chr. in einer Schlacht im heutigen Elsass eine vernichtende Niederlage gegen die Römer und zog sich wieder über den Rhein zurück.

VI. So begründen die Römer ihre Herrschaft in den Provinzen (Tacitus, Historiae 4, 73, 2)

Im Jahr 69/70 hielt der römische Feldherr Petilius Cerialis eine Rede, um den gallischen Stamm der Treverer von einer Beteiligung an einem germanischen Aufstand gegen die Römer abzuhalten. Er begründet darin die römische Präsenz in Gallien so:

1 Terram vestram ceterorumque Gallorum
ingressi sunt duces imperatoresque Romani
nulla cupidine, sed maioribus vestris invocantibus,
quos discordiae usque ad exitium fatigabant,
et acciti auxilio Germani
sociis pariter atque hostibus servitutem imposuerant.

Gallī: Gallier

ingredī, ingredior, ingressus sum: betreten, kommen in
cupīdō, inis *f:* Gier
māiōrēs, um *m:* Vorfahren
ūsque ad: bis zu
exitium: Untergang
fatīgāre: ermüden
accīre: herbeirufen
pariter atque: in gleichem Maße wie
impōnere ~ in-pōnere

2 Quot proeliis adversus Cimbros Teutonosque,
quantis exercituum nostrorum laboribus
quove eventu Germanica bella tractaverimus,
satis clarum.

adversus + *Akk.*: gegen
Cimbrī/Teutonī: Kimbern/Teutonen *(germanische Stämme)*
-ve: oder
ēventus, ūs *m:* Ausgang, Ergebnis
Germānicus, a, um: germanisch
tractāre: führen
Rhēnus: Rhein

3 Nec ideo Rhenum insedimus,
ut Italiam tueremur,
sed ne quis alius Ariovistus regno Galliarum potiretur.

īnsidēre, īnsideō, īnsēdī: besetzen

tuērī: schützen

Ariovistus: Ariovist *(germanischer Heerführer)*
Galliae: die gallischen Gebiete
potīrī, potior, potītus sum + *Abl.:* sich einer Sache bemächtigen

VI. So begründen die Römer ihre Herrschaft in den Provinzen (Tacitus, Historiae 4, 73, 2)

Aufgaben zu Textverständnis und Interpretation

5. a) Arbeite aus dem Text die Motive heraus, die Cerialis für das Eingreifen der Römer in Gallien nennt. Belege am Text.

   b) Vergleiche damit das geschilderte Auftreten der Germanen.

Auftreten der Römer	Auftreten der Germanen

6. Bei den Römern war genau festgelegt, in welchen Fällen sie Krieg führen durften. Die Kriege mussten gerechtfertigt sein *(bella iusta),* weil sie nur dann von den Göttern unterstützt wurden.

   a) Arbeite aus den folgenden Aussagen antiker Autoren die römische Vorstellung von einem *bellum iustum* heraus.

   b) Vergleiche sie mit den Ausführungen des Cerialis.

   c) Diskutiert, ob in unserer heutigen Zeit das militärische Eingreifen eines Landes in einem anderen gerechtfertigt werden kann.

1. Atque in re publica maxime conservanda sunt iura belli. Nam cum sint duo genera decertandi, unum per disceptationem, alterum per vim, cumque illud proprium sit hominis, hoc beluarum, confugiendum est ad posteris, si uti non licet superior (Cic., de off. 1,34)	1. Und in der Politik müssen vor allem die Gesetze des Krieges beachtet werden. Da es nämlich zwei Arten gibt Entscheidungen herbeizuführen, eine durch Verhandlungen, die andere durch Gewalt, und jene ein Charakteristikum des Menschen ist, diese eines der Tiere, muss man zu Letzterem seine Zuflucht nehmen, wenn man Ersteres nicht anwenden kann.
2. Quare suscipienda quidem bella sunt ob eam causam, ut sine iniuria in pace vivatur, parta autem victoria conservandi sunt ii, qui non crudeles in bello, non inmanes fuerunt (…). (Cic., de off. 1,35)	2. Deshalb muss man zwar Kriege aus diesem Grund auf sich nehmen, dass man ohne Unrecht in Frieden leben kann, wenn der Sieg errungen ist, müssen aber die geschont werden, die ihm Krieg nicht grausam, nicht unmenschlich waren.
3. Illa iuiusta bella sunt, quae sine causa suscepta. (Isidor, Etym. 18,1,2)	3. Jene Kriege sind ungerecht, die ohne Grund unternommen werden.
4. Nam extra ulciscendi aut propulsandorum hostium causa bellum geri iustum nullum potest, (Cic., rep. 3,35)	4. Denn abgesehen von Rache oder der Abwehr von Feinden kann man keinen gerechten Krieg führen.
5. Nullum bellum suscipi a civitate optima nisi pro fide aut pro salutate (Cic., rep. 3,34)	5. Ein Krieg darf von einem idealen Staat nur aus Bündnistreue und zur Sicherung der Existenz unternommen werden

7. a) Erläutere, welche Strategie Cerialis verfolgt, um seine Zuhörer für sich zu gewinnen.

   b) Vergleiche sein Vorgehen mit euren Erwartungen.

VI. So begründen die Römer ihre Herrschaft in den Provinzen (Tacitus, Historiae 4, 73, 2)

1 Terram vestram ceterorumque Gallorum
und die der übrigen Gallier

ingressi sunt duces imperatoresque Romani

nulla cupidine, sed maioribus vestris invocantibus,
sondern weil uns eure Vorfahren riefen

quos discordiae usque ad exitium fatigabant,
die Uneinigkeiten

et acciti auxilio Germani
nachdem die Germanen zu Hilfe gerufen worden waren,

sociis pariter atque hostibus servitutem imposuerant.

vester, vestra, vestrum: euer
cēterī, ae, a: die übrigen
Gallī: Gallier
ingredī, ingredior, ingressus sum: betreten, kommen in
dux, ducis *m:* Anführer
cupīdō, inis *f:* Gier
māiōrēs, um *m:* Vorfahren
invocāre: herbeirufen
discordia: Uneinigkeit
ūsque ad: bis zu
exitium: Untergang
fatīgāre: ermüden
accīre: herbeirufen
auxilium: Hilfe
socius: Verbündeter
pariter atque: in gleichem Maße wie
servitūs, tūtis *f:* Knechtschaft, Sklaverei
impōnere, impōnō, imposuī: auferlegen

2 Quot proeliis adversus Cimbros Teutonosque ,
In wie vielen

quantis exercituum nostrorum laboribus
mit wie großen

quove eventu Germanica bella tractaverimus,

satis clarum <est>.

quot, quantīs, quōve: *leiten indirekte Frage ein, abhängig von* satis clarum est
quot: wie viele
adversus + *Akk.*: gegen
Cimbrī/Teutonī: Kimbern/Teutonen *(germanische Stämme)*
quantus, a, um: wie groß
exercitus, ūs *m:* Heer
labor, ōris *m:* Mühe
quōve ēventū: oder mit welchem Ergebnis
Germānicus, a, um: germanisch
tractāre: führen; *hier Konjunktiv Perfekt (indirekte Frage, abhängig von* satis clārum est); *übersetze mit Indikativ*
satis: genug
clārus, a, um: klar, deutlich

3 Nec ideo Rhenum insedimus,

ut Italiam tueremur,

sed ne quis alius Ariovistus regno Galliarum potiretur.
sondern damit nicht

ideō: deshalb
Rhēnus: Rhein
īnsidēre, īnsideō, īnsēdī: besetzen
tuērī: schützen *(Deponens, übersetze aktiv)*
(ali)quis: irgendein
Ariovistus: Ariovist *(germanischer Heerführer)*
Galliae: die gallischen Gebiete
potīrī, potior, potītus sum + *Abl.*: sich einer Sache bemächtigen

VII. Der Umgang mit unterworfenen Völkern aus römischer Sicht (Tacitus, Historiae 74, 1)

Aufgaben zur Vorerschließung

1. Ordne die gelb markierten Schlüsselbegriffe den Bereichen Krieg bzw. Frieden zu.

Friede	Krieg

2. a) Betrachte die Verbformen und markiere Stellen, an denen Cerialis die Gallier direkt anspricht bzw. von den Römern spricht.

   b) Unterstreiche alle Formen der Pronomina »wir« und »ihr« bzw. »unser« und »euer«. Untersuche dann, welche Pronomina häufig vorkommen. Suche nach einer Erklärung für den Befund.

VII. Der Umgang mit unterworfenen Völkern aus römischer Sicht (Tacitus, Historiae 74, 1)

1 Regna bellaque per Gallias semper fuere,
donec in nostrum ius concederetis.
Nos, quamquam totiens lacessiti,
iure victoriae id solum vobis addidimus,
quo pacem tueremur;
nam
neque quies gentium sine armis
neque arma sine stipendiis
neque stipendia sine tributis haberi queunt:
cetera in communi sita sunt.
Ipsi plerumque legionibus nostris praesidetis,
ipsi has aliasque provincias regitis;
nihil separatum clausumve.

per Galliās: in den gallischen Gebieten
fuēre = fuērunt
in iūs concēdere: unter die Herrschaft geraten
lacessere, ō, lacessīvī, lacessitum: reizen
addere, addō, addidī, additum: auferlegen

tuērī, tueor, tutātus sum: schützen

stipendium: Abgabe, Steuer

tribūtum: Tribut, Abgabe
queunt: sie können
situs, a, um: gelegen

plērumque: meistens
praesidēre, praesideō, praesēdī: vorstehen, befehligen

sēparāre: abtrennen, versperren
claudere, ō, clausī, clausum: verschließen

VII. Der Umgang mit unterworfenen Völkern aus römischer Sicht (Tacitus, Historiae 74, 1)

Aufgaben zu Textverständnis und Interpretation

3. Arbeite heraus, wie Cerialis die römische Herrschaft darstellt.

4. Stelle dir vor, du bist ein Gallier, der in einem Dorf im römischen Gebiet wohnt. Formuliere seine Gedanken zu seinem Leben unter römischer Herrschaft in einer kurzen Rede.

5. a) Arbeite aus den Quellen die Sicht der modernen Geschichtswissenschaft auf die römische Expansion heraus.

   b) Vergleiche deine Ergebnisse mit den Aussagen des Calgacus und Cerialis.

M1: Zwei Motive für die römische Expansion, die früher häufig angeführt wurden, lassen sich ausschließen: Erstens geben die Quellen keinen Hinweis darauf, dass der Senat eine imperiale Strategie verfolgt hätte. Aber als Hegemonialmacht zuerst in Italien, dann im westlichen Mittelmeer und besonders in der hellenistischen Welt geriet Rom immer stärker in den Sog imperialer Handlungslogik: Von bedrängten Staaten um Hilfe gebeten oder aufgrund von Verträgen zum Beistand verpflichtet, konnte der Senat keine defensive Politik betreiben, sondern musste politisch und militärisch intervenieren. Andernfalls hätte Rom seine imperiale bzw. hegemoniale Position verloren. Zweitens betrieb Rom seine Expansion nicht aus ökonomischen Motiven, wie wir sie mit dem modernen Imperialismus verbinden, etwa, um sich Ressourcen anzueignen, Handelsstützpunkte aufzubauen oder Absatzmärkte zu erschließen. Dass die Römer von ihrer Expansion auch wirtschaftlich in Form von Beute, Sklaven, Tributen und Land profitieren konnten und wollten, darf nicht als Motiv für die Kriegführung unterstellt werden.

aus: Meyer-Zwiffelhoffer, E.: Imperium Romanum. Geschichte der römischen Provinzen, 2., durchges. u. aktual. Aufl., München 2017

M2 Caesars Eroberung Galliens

In der römischen Republik war nichts so prestigeträchtig wie ein erfolgreiches militärisches Kommando. Ehrgeizige Statthalter waren folglich darauf aus, ihre Amtszeit zur Kriegsführung zu nutzen, doch für Caesar stellte dieser mögliche Gewinn an Ansehen und Macht nicht nur eine schöne Prämie dar, die jeder gerne mitnahm, sondern bei ihm ging es um die politische Existenz: (…) Caesar blieb gar nichts anderes übrig, als die Erhöhung seines Eigengewichts und die Übertönung seiner Gegner durch völlig unbestreitbare Leistungen anzustreben, und das hieß konkret: Er benötigte militärischen Ruhm, zudem die finanziellen Mittel, die im Kriege zu gewinnen waren, schließlich die treue Anhänglichkeit, die eine Kette von Siegen mit den entsprechenden Beuteverteilungen bei Soldaten und Offizierskorps erzeugen konnte (51)

In den Jahren 58–52 v. Chr. erobert Caesar in mehreren Feldzügen Gallien.

Das letzte Widerstandsnest in Uxellodunum schnitt Caesar von der Wasserversorgung ab, so dass sich die Belagerten ergeben mußten. Hier statuierte er ein besonders grausames Exempel: Er ließ allen, die Waffen getragen hatten, die Hände abschlagen, um den Galliern gleichsam mit Hilfe lebendiger Mahnmale vor Augen zu führen, wie es Rebellen gegen die römische Herrschaft ergehen konnte. (69)

Jehne, M.: Caesar, München 1997

VII. Der Umgang mit unterworfenen Völkern aus römischer Sicht (Tacitus, Historiae 74, 1)

1 Regna bellaque per Gallias semper fuere,
Königreiche und gab es

donec in nostrum ius concederetis.
solange bis ihr

Nos, quamquam totiens lacessiti,
Obwohl wir

iure victoriae id solum vobis addidimus,
nur das

quo pacem tueremur;

nam neque quies gentium sine armis
neque arma sine stipendiis
neque stipendia sine tributis haberi queunt.

Cetera in communi sita sunt:
Alle übrigen Dinge haben wir gemeinsam:

Ipsi plerumque legionibus nostris praesidetis,
ipsi has aliasque provincias regitis;
nihil separatum clausumve <est>.

per Galliās: in den gallischen Gebieten
fuēre = fuērunt: es gab

dōnec: (solange) bis
in iūs concēdere: unter die Herrschaft geraten
quamquam: obwohl
totiēns: so oft
lacessere, ō, lacessīvī, lacessitum: reizen: lacessitī: *ergänze* <sumus> *(Perfekt Passiv)*: wir wurden …
sōlum: nur
addere, addō, addidī, additum: auferlegen
tuērī, tueor, tutātus sum: schützen
quō: womit/wodurch
quiēs, etis *f*: Ruhe
gēns, gentis *f*: Stamm, Volk
stipendium: Abgabe, Steuer
tribūtum: Tribut, Abgabe
haberī queunt: *übersetze das Passiv mit* »man«: kann man haben
cēterī, ae, a: die übrigen
commūnis, e: gemeinsam
ipsī: ihr selbst
plērumque: meistens
praesidēre, praesideō, praesēdī: vorstehen, befehligen
sēparāre: abtrennen, versperren
claudere, ō, clausī, clausum: verschließen
-ve: oder

M3 Zur Romanisierung in Germanien

Wichtig für das Zusammenleben der verschiedenen Bevölkerungsschichten wurde das rasche Vordringen der lateinischen Sprache, die schon bald die einheimischen Sprachen verdrängte. Mit Latein wurde auch die Fähigkeit zu schreiben, weit verbreitet. Einzug erhielt des weiteren die römische Art, sich zu ernähren (…) und ebenso folgte das Wohnen vielfach italischem Standard: Vermörtelte Bauweise verdrängte das Fachwerk, die Gebäude selbst wurden mit Fußbodenheizungen, Mosaiken, Gemälden und Statuen reich ausgestattet. Schließlich erfuhr auch das Alltagsleben vielfältige Wandlungen: Mit den Thermen hielt die römische Art des Badens, der Körperpflege und der Freizeitgestaltung Einzug. (…) Ein letzter Aspekt betrifft die Religion. Einheimische und römische Götter standen nicht in Konkurrenz, sondern ergänzten sich. (…) An der Religion zeigt sich vielleicht noch deutlicher als in anderen Bereichen, dass die sogenannte Romanisierung kein von Rom intendierter oder gar bewusst gesteuerter Prozeß war, sondern dass es sich um eine Austauschbeziehung handelte, bei der beide Seiten, Einheimische wie Römer, gaben und nahmen.

Wolters, R.: Die Römer in Germanien, München 2000, 86/87

Abbildungsverzeichnis:
S. 4: Daniel_Kay/Shutterstock.com | **S. 6:** Furfur (https://upload.wikimedia.org/wikipedia/commons/thumb/a/ad/RomanEmpire_117_de.svg/2560px-RomanEmpire_117_de.svg.png) | **S. 8:** Sexueller Missbracuh: releon2811 – stock.adobe.com; Familie: Syda productions – stock.adobe.com; Bauer bei Getreideabgabe: Bundesarchiv, Bild 183-41405-0001 / CC-BY-SA 3.0 (https://commons.wikimedia.org/wiki/File:Bundesarchiv_Bild_183-41405-0001,_Einzelbauer,_Abgabe_von_Getreide_bei_der_VEB.jpg); Zwangsarbeit im Weltkrieg: © LWL-Medienzentrum für Westfalen | **S. 10:** aus: dinosmichail / Alamy Stock Foto; Taube: Elembis, Sammy pompon und Mark Miller (https://upload.wikimedia.org/wikipedia/commons/thumb/4/43/Peace_dove.svg/1024px-Peace_dove.svg.png); zerstörte Stadt: mseum.digital.org (https://asset.museum-digital.org//media/1200/rlp/images/201707/18102221903.jpg) | **S. 16:** Legionen: © I. Römercohorte Opladen e. V.; Relief: ChristianChirita (https://commons.wikimedia.org/wiki/File:Engineering_corps_traian_s_column_river_crossing.jpg)

Mit 12 Abbildungen

Bibliografische Information der Deutschen Nationalbibliothek:
Die Deutsche Nationalbibliothek verzeichnet diese Publikation in der Deutschen Nationalbibliografie; detaillierte bibliografische Daten sind im Internet über https://dnb.de abrufbar.

Umschlagabbildung: © Shutterstock Nr. 52349377

Satz: SchwabScantechnik, Göttingen
Druck und Bindung: ⊕ Hubert & Co. BuchPartner, Göttingen
Printed in the EU

Vandenhoeck & Ruprecht Verlage | www.vandenhoeck-ruprecht-verlage.com

ISBN 978-3-525-71159-0